W .WEIS KLAUS
MISSENNERSTR.7
D-87509 TEL:08323-4787
=WENSTADT = ALLGÄU=

Zu diesem Buch

Wer kennt sie nicht, die Faszination, die von alten Lokomotiven ausgeht?

Ob Jung oder Alt, gleichermaßen sind sie von den
stählernen Kolossen begeistert: Häufig beginnt die Liebe
zur nostalgischen Lok mit einer Modelleisenbahn, deren
Vorzüge, Feinheiten und Raffinessen einem Kind durch
den Vater oder Großvater nahe gebracht werden. Der
mittlerweile Erwachsene weiß sie noch Jahrzehnte später
zu schätzen. Über die Generationen hinweg werden die
Begeisterung am Thema und ein spezieller Sachverstand
weitergetragen und erweitert.

Es sind der Spaß an der Entdeckung einer großen
Vielfalt und die Freude am Detail, die Eisenbahnfreunde
auf der ganzen Welt miteinander verbinden. Gleichermaßen stehen die alten Loks für nostalgische Gefühle
und den Fortschritt der Verkehrstechnik. So fragt man
sich vielleicht auf Reisen, während man ein Eisenbahn-
fahrzeug erblickt, um welche Art von Lokomotive es sich
dabei wohl handeln mag. In solchen Fällen erweisen sich
Bücher wie das vorliegende – mit Porträts von Loks aus
verschiedenen Ländern – als nützlich, auch wenn hier bei
weitem nicht die ganze Welt der Lokomotiven abgedeckt
werden kann. Mit seinen historischen Fotografien und
Detailaufnahmen lässt dieses Geschenkbuch den Be-
trachter eintauchen in eine Zeit, zu der der Dampf
noch ganz selbstverständlich zum Reisen dazugehörte.

Wir wünschen Ihnen viel Vergnügen beim Entdecken
der faszinierenden Welt der Lokomotiven!

Inhaltsverzeichnis

Torsten Berndt/Klaus Eckert

Dampfloks

KOMET

© KOMET Verlag GmbH, Köln
www.komet-verlag.de
Covermotiv: Harald Theissen/VISUM
Autoren: Klaus Eckert und Torsten Berndt
Gesamtherstellung: KOMET Verlag GmbH, Köln
ISBN 978-3-89836-693-9

Großbritannien

Ein halbes Jahrhundert prägte Großbritannien die Eisenbahngeschichte. James Watt, Richard Trevithick und George Stephenson drückten ihr den Stempel auf.

Die Erfindung der Dampfmaschine durch James Watt läutete nicht nur die industrielle Revolution ein. Sie schuf auch das Bedürfnis, die neue Kraftmaschine für die Fortbewegung der Menschen zu nutzen. Allerdings eigneten sich die ersten

← Der „Golden Arrow", als es in England noch legendäre Expresszüge gab …

Dampfmaschinen kaum für Fahrzeuge. Der Dampf drückte den Kolben zwar in eine Richtung. In die Ausgangsstellung gelangte er aber durch Gegengewichte. Watt entwickelte daher eine doppelt wirkende Maschine, deren Kolben zunächst in die eine Richtung und danach in die Gegenrichtung geschoben wurde. Das Zweitaktprinzip reichte aber für den Einsatz in Fahrzeugen noch nicht aus, da der Dampfdruck anfangs relativ niedrig war.

Richard Trevithick schuf Abhilfe, indem er eine Dampfmaschine mit 5 bar Dampfdruck entwickelte. Von einer Hochdruckmaschine sollte man

besser nicht sprechen – später galten zwölf bis 15 bar Dampfdruck als Normal- und 20 bis 25 bar als Mitteldruck. Nach einem Dampfwagen, der 1802 als eines der ersten Autos auf der Straße fuhr, stellte Trevithick 1804 die erste Dampflokomotive auf Räder und Schienen. Die „Pennydarren" schleppte in einem Hüttenwerk Güterzüge. Vier Jahre später präsentierte Trevithick die Dampflok einem größeren Publikum. In einer Art Freizeitpark ließ er die „Catch me who can" kreisen. Für einen Schilling konnten Neugierige und Mutige mitfahren. Das Abenteuer endete leider tragisch. Die Schienen hielten dem

Wettfahrt der Lokomotiven „Rocket" von Stephenson „Sanspareil" von Hackworth und „Novelty" von Ericsson bei Rainhill vom 7.–10. Oktober 1829.

Nach einer Abbildung in „Geschichte der Österr.-Ungar. Monarchie" 1898

Gewicht der Maschine nicht stand, die eines Tages entgleiste. Mit dem Fangen spielen war es vorerst zu Ende.

George Stephenson erkannte, dass Rad und Schiene zusammenpassen müssen „wie Mann und Weib". Im zweiten Jahrzehnt des 19. Jahrhunderts hatte er mit der „Mylord" sein Gesellenstück gefertigt. Damit wäre er aber nur einer von vielen Fabrikanten geworden, die sich in jenen Tagen dem Dampfross zuwandten. Stephenson

9

brachte den Systemgedanken in die Entwicklerstuben. Er arbeitete nicht nur an der Verbesserung der Fahrzeugtechnik, sondern wandte sich intensiv dem Streckenbau zu. Zu sei-

nem Glück konnte die Eisenindustrie zwischenzeitlich sehr viel tragfähigere, gewalzte statt der bislang gusseisernen Schienen anbieten. Stephenson wandte seine Erkenntnisse erstmals praktisch beim Bau der Eisenbahn Stockton – Darlington an. Dort setzte er nicht nur den Dampfbetrieb vom ersten Tage an durch, sondern sich selbst auch mit der Überwindung des berüchtigten Katzenmoors selbst ein Denkmal. Dieses stand in dem Ruf, Pferd und Reiter zu verschlingen. Vor der Dampflok hatte es aber Respekt. Stephenson gelang es sogar, mit 50 Prozent der veranschlagten Baukosten auszukommen.

→ Stephensons „Rocket"

Die „Rocket" aus dem Hause Stephenson ging als Siegerin des Zeitfahrens von Rainhill in die Geschichte ein. 1829, beim Bau der zweiten englischen Eisenbahnstrecke Manchester – Liverpool, hatten George und Robert Stephenson diesen Wettbewerb angeregt, bei dem die leistungsfähigste und zuverlässigste Dampflok gewinnen sollte. Die „Rocket" erreichte damals eine für jene Zeit atemberaubende Geschwindigkeit von 50 km/h.

„Sir Nigel Gresley"/LNER Class A4 (BR No. 60007)

Als vergrößerte, stromlinienverkleidete Version der berühmten

Class A3 wurde ab 1935 die Class A4 gefertigt. Die eleganten

Schnellzugloks fuhren als Paradepferde der LNER auf den Linien

London/King´s Cross – Newcastle, Edingburgh, Aberdeen. 1967, ein

Jahr nach der Ausmusterung, ließen Dampflokfreunde, die sich zu

einem Verein formiert hatten, „Sir Nigel Gresley" generalüberholen

und wieder ins LNER-Design zurückversetzen.

„Blue Peter"/LNER Class A2 (BR No. 60532)

Oftmals benannte die LNER ihre Dampflokomotiven nach

berühmten Rennpferden. „Blue Peter" hatte 1939 viele Rennen

gewonnen. Die gleichnamige Lok war in Schottland eingesetzt

und bespannte dort Schnellzüge. 1966 erfolgte die Ausmusterung.

Im Jahr 1968 kaufte ein Privatmann die Lok mit dem einprägsamen

Namen und ließ sie mithilfe der gleichnamigen BBC-Kinder-

sendung, die einen Spendenaufruf sendete, wieder instand gesetzt.

„Hartland"/West Country Class (BR-No. 34101)

Die 1950 gebaute Lokomotive hört auf den Namen „Hartland" und

gehört zur BR-Serie 34071 – 34110 der West Country Class. Nach

ihrer Ausmusterung im Jahr 1966 wurde sie durch einen Verein von

Eisenbahnfreunden vor dem Schrottplatz gerettet und 1976 wieder

aufgebaut. Heute ist diese Lokomotive vor Nostalgiezügen der

North Yorkshire Moors Railway, einer privaten Museumsbahn,

regelmäßig im Einsatz.

Class 4MT (BR No. 80135)

Als eine von zwölf Einheitsbaureihen der British Railways entstand

die Class 4MT. Die recht schmucklos und schlicht gestalteten

Tenderlokomotiven waren brave, universell einsetzbare Arbeitstiere,

die zuverlässig ihren Dienst auf nahezu allen Strecken des Landes

versahen. Nach 1963 wurden sie durch Dieselloks und -triebwagen

auch aus ihren letzten Einsatzgebieten in Westengland verdrängt.

Deutschland

Seit bald 170 Jahren fahren in Deutschland Eisenbahnen. Das Zeitalter des Schienenverkehrs begann zwischen Nürnberg und Fürth.

In den zwanziger und dreißiger Jahren des 19. Jahrhunderts entstanden vielerorts Komitees zum Bau einer Dampfeisenbahn. Am schnellsten waren die Franken. Bereits im Dezember 1835 konnten sie die nach dem bayerischen König benannte Ludwigsbahn zwischen Nürnberg und Fürth in Betrieb nehmen. Anfangs fuhren auf den sechs Kilometern Dampfzüge und Pferdewagen im Mischbetrieb. Die Dampftraktion setzte sich schließlich durch.

Anderswo dachte man weiträumiger. In Sachsen beispielsweise machten sich Gewerbetreibende

Mit dem Adler fing das Zeitalter der Eisenbahn in Deutschland an

21

daran, die Messestadt Leipzig mit der Hauptstadt Dresden zu verbinden. Die Leipzig-Dresdener Eisenbahn wurde zur ersten Fernbahn Deutschlands. Nach und nach entstanden in allen deutschen Staaten Eisenbahnlinien. Während einige, beispielsweise Preußen und Württemberg, vorausschauend handelten und von Beginn an den Verkehr in die Nachbarländer berücksichtigten, zeigten sich Bayern und Baden äußerst engstirnig.

Die Bayern bauten die Strecke München – Lindau so, dass sie stets haarscharf an der Grenze zu Württemberg entlang führte. Bis heute

Preußischer Herkunft: die Baureihe 39 (P 10)

gehört die kurvenreiche Strecke zu den langsamsten Hauptbahnen Deutschlands. In Baden verlegte man die Gleise anfangs mit 1600 statt 1435 Millimetern Abstand zwischen den Schieneninnenkanten. Niemals werde ein württembergischer Zug nach Baden kommen, prophezeite der König. Wenig später musste das Land seine Schienenwege umnageln.

Als Pioniere des deutschen Dampflokbaus kann man mit Fug und Recht den Sachsen Johann Andreas Schubert und den Berliner August Borsig bezeichnen. Schubert konstruierte 1839 die „Saxonia", eine noch weitgehend an das britische Vorbild angelehnte Dampflokomotive. August Borsig schaute dagegen über den großen Teich und

orientierte sich an den US-amerikanischen Typen. Seine erste Lok, die er in aller Bescheidenheit „Borsig" nannte, entstand 1841. Bei einem Wettstreit mit Konkurrenzmodellen auf der Berlin-Anhalter Eisenbahn zeigte die Maschine, dass die US-amerikanischen Bauarten den Lokomotiven aus dem Mutterland der Eisenbahn damals überlegen waren.

Langsam, aber sicher entstanden nunmehr in allen deutschen Staaten eigenständige Lokomotivfabriken. Das größte Land, Preußen, verfügte bald über ein halbes Dutzend Lokhersteller. Namen wie Ferdinand Schichau, Georg Egestorff, Louis Schwartzkopff, Carl Anton Henschel, Friedrich Krupp und natürlich Borsig stehen noch heute für ein großes Kapitel deutscher Industriegeschichte. Auch in den anderen Ländern trugen sich geniale Unternehmer in die Annalen ein. Richard Hartmann in Sachsen, Emil Kessler in Baden, Georg Krauss und Joseph Anton Maffei in Bayern sollen hier stellvertretend für die große Zahl kreativer Lokbauer genannt werden. Schon zu Zeiten der Länderbahnen entstanden hervorragende Entwicklungen. Technisch hochgradig anspruchsvolle Maschinen wie die bayerische S 3/6, die badische IV h oder die nahezu unverwüstlichen württemberger K fanden ebenso Beachtung wie die einfach konstruierten, robusten und überaus wirtschaftlichen Maschinen preußischer Herkunft.

Eine gute Lok müsse man in einem Kuhstall im hintersten Winkel

Ostpreußens reparieren können, soll der langjährige preußische Lokdezernent Robert Garbe gesagt haben. Die Deutsche Reichsbahn schloss sich weitgehend der preußischen Lokschule an. Die Einheitsbaureihen waren so anspruchslos wie erfolgreich und überdauerten ihre Nachfolger.

Nach dem Zweiten Weltkrieg entstanden trotz des anlaufenden

Traktionswechsels in beiden deutschen Staaten Neubaulokomotiven. Diese nahmen zwar eine Reihe technischer Verbesserungen auf, die in den Einheitslokomotiven noch nicht verwirklicht worden waren. Vom Grundkonzept her aber ähnelten die Neubauten von Bundes- und Reichsbahn den Einheitsbaureihen.

Baureihe 99.750 (sä I K)

Gedrungen wirkten die 750-mm-Lokomotiven, die auf den krümmungsreichen Schmalspurbahnen Sachsens fuhren. Die Kesselaufbauten waren bei den einzelnen Lieferungen für die Staatsbahnen und die ZOJE unterschiedlich ausgeführt. 1913 kuppelten die Staatsbahnen vier Loks zu zwei Doppelloks führerhausseitig zusammen. Ein Pärchen wurde 1916, das andere 1923 getrennt. Die Reichsbahn musterte die Loks bis 1928 aus. Im Zweiten Weltkrieg kamen zwei 1919 an Polen abgetretene Loks zurück und erhielten die Nummern 99 2504 und 2505.

25

Baureihe 17.10 (pr. S 10.1 Bauart 1911)

Noch während die Arbeiten an der Optimierung der S 10 ruhten,

gab das Ministerium der öffentlichen Arbeiten bei Henschel eine

Verbundvariante in Auftrag. Zwischen der Genehmigung des

Entwurfs und der Fertigstellung der ersten Maschine lagen gerade

einmal sechs Monate. Sie erwies sich als die leistungsfähigste und

wirtschaftlichste Schnellzuglok der preußischen Staatsbahnen und

unterbot im spezifischen Dampf- und Kohleverbrauch sogar die

38.10. Eine überarbeitete Bauart stellten die Staatsbahnen ab 1914

in Dienst, die übergangslos nach der 17.10 eingeordnet wurde.

Baureihe 92.5 (pr. T 13)

Obwohl der Heißdampf seine Überlegenheit bewiesen hatte,

orderte das Eisenbahn-Zentralamt für den Nebenbahndienst

eine „möglichst einfache Bauart ohne Überhitzung". Der Kessel

entsprach weitgehend dem der T 11. Das Leistungsprogramm sah

720 t in der Ebene mit 45 km/h und 355 t in 10 ‰ Steigung mit

25 km/h vor. Beide deutsche Bahnen musterten die bei der

Beschaffung bereits veralteten Loks erst Mitte der sechziger

Jahre aus.

Baureihe 38.10 (pr. P 8)

Die 38.10 wird gern als erste Europa-Lok bezeichnet, fuhr sie doch in zahlreichen Staaten. Dies war vor allem auf die Reparationslieferungen nach dem Ersten Weltkrieg und auf nach dem Zweiten Weltkrieg in okkupierten Staaten verbliebene Loks zurückzuführen. Doch wurde die P 8 in Rumänien und Polen auch nachgebaut. Die Maschine war solide konstruiert, genügsam und wartungsfreundlich, verkörperte sozusagen die guten Tugenden Preußens. In der DDR hielt sie sich bis 1972, in der Bundesrepublik bis Ende 1974.

Baureihe 39 (pr. P 10)

Noch zu Zeiten der preußischen Staatsbahnen dachte man an eine leistungsstärkere Nachfolgerin der 38.10. Bei der Entwicklung orientierte man sich an der bewährten 19, also einer sächsischen Konstruktion. Deren Weiterbau stand kurz zur Diskussion, wurde wegen der höheren Instandhaltungskosten aber verworfen. Das Leistungsprogramm erfüllte die 39 spielend, war aber anfangs für viele Strecken zu schwer. Auch verbrauchte sie übermäßig viel Kohle und Wasser, ein Problem, dessen Lösung der DB erst in den fünfziger Jahren gelang. Sie musterte die Loks bis 1967 aus, die DR rekonstruierte sie.

Baureihe 96 (bay. Gt 2 x 4/4)

Für ihre Steilrampen im Mittelgebirge brauchten die Bayerischen

Staatsbahnen leistungsfähige Loks für den Zug- und Schiebe-

betrieb. Da die Achslast auf 15 t begrenzt war, der nötige Kessel

aber ein langes Fahrwerk erforderte, konstruierte Maffei eine

Malletlok mit zwei vierachsigen Triebwerken. Selbstverständlich

entstand eine Verbundbauart. Die Hochdruckzylinder wirkten auf

die hintere, die Niederdruckzylinder auf die vordere Radgruppe.

1948 musterte die Bundesbahn die Loks als Splittergattung aus.

34

99 301 – 303(meck. T 7)

Für den „Molli" Bad Doberan – Kühlungsborn beschaffte die
mecklenburgische Friedrich-Franz Eisenbahn als T 7 eingestufte
C-Kuppler, welche zwei Maschinen gleicher Bauart ersetzten.
Ihre Leistungen dürften in etwa gleich hoch gewesen sein. Nach
Indienststellung der 99 311 bis 313 wechselten die 301 und 303
zur Nubuckower Rübenbahn, einer nur mit Güterzügen bedienten
Nebenlinie der Bäderbahn. 1948 gingen sie als Reparation an die
Sowjetunion. Die 99 302 wurde bereits 1932 ausgemustert.

Baureihe 18.3 (bad. IV h)

Nach dem weniger geglückten Versuch, mit der 18.2 eine Lok für Flachland- und Gebirgsstrecken in Dienst zu stellen, orderte die Badische Staatbahn eine für den Schnellzugverkehr im Rheintal optimierte Maschine. Fahrzeugdezernent Heinrich Baumann gab dem Zweiachsantrieb den Vorzug, da er die Kropfachswellen schonte. Unter anderem des zu kleinen Überhitzers wegen lagen die Verbrauchswerte der 18.3 über denen vergleichbarer Loks. Die wartungsintensiven Maschinen fielen 1948 der Verfügung, Splittergattungen mit weniger als 20 Fahrzeugen auszumustern, zum Opfer.

99 7201 – 7204 (bad. C)

Zwischen Mosbach und Mudau betrieben auch die Badischen

Staatsbahnen eine Meterspurstrecke. Für diese beschafften sie

C-Kuppler, die beim ersten Hinschauen recht beladen erscheinen.

Sie zeigten typisch preußische Baumerkmale und ähnelten ein

wenig der T 3. Der Rahmen diente als Wasserkasten, die Kohle lag

in Behältern vor dem Führerhaus. Erst 1965 quittierten die letzten

Loks den Staatsbahndienst. Bis 1970 war die an die Albtalbahn

verkaufte 99 7203 im Einsatz.

Baureihe 99.08 (pfälz. L 1, pfälz-. Pts 3/3 N)

Trambahnloks lieferte Krauss der Pfalzbahn für die meterspurigen Strecken im Raum Ludwigshafen/ Neustadt/Speyer. Anfangs wurden sie als Gattung L bezeichnet, nach der Übernahme der Pfalzbahn durch die Staatsbahnen als Pts 3/3. Später kam das „N" für Nassdampf hinzu. Die Kohlevorräte lagerten hinter dem Stehkessel, was das Bekohlen erschwerte. Eine Lok ging im Ersten Weltkrieg verloren. Die übrigen gelangten zur Reichsbahn. Erst 1954 rollte die letzte auf das Abstellgleis.

Baureihe 92.20 (pfälz. R 4/4, bay. R 4/4)

Für den Rangierdienst im links- wie rechtsrheinischen Netz beschaffte Bayern vierfach gekuppelte Nassdampflokomotiven, die sich anfangs unter anderem in den Armaturen und in der Bremsausrüstung unterschieden. Die Loks schleppten in der Ebene 710 t mit 45 km/h.

41

Baureihe 36.9 (sä. VIII V 2)

In großer Zahl orderten die Sächsischen Staatsbahnen Schnell-
und Personenzuglokomotiven mit je zwei Lauf- und Kuppelachsen

sowie doppelter Dampfdehnung. Die Maschinen beschleunigten

gut und machten ausreichend Dampf für die vielen Steigungs-

strecken Sachsens. Deswegen waren sie bis etwa 1910 auf allen

Haupt- und Nebenbahnen anzutreffen. Der Rollwagen der

Baureihe 38.2 verdrängte sie. 109 Loks fuhren noch für die

Reichsbahn, die sie bis 1931 ausmusterte.

Baureihe 44

Als Ende der zwanziger Jahre Masse
und Geschwindigkeit der Güterzüge
stiegen, kam die Reichsbahn um die
Beschaffung einer hochleistungs-
fähigen Dreizylinderlok nicht mehr
herum. Diese durfte auch im Krieg
weitergebaut werden. 1949 baute
LEW aus vorhandenen Teilen weitere
10 Loks. Im Ausland verblieben 226
Maschinen. Beide deutsche Bahnen
rüsteten ihre 44 auf Ölhauptfeuerung um. Die DB unterhielt sie bis
1975, die Reichsbahn bis 1981.

41
8

← Baureihe 01
mit Altbaukessel

Die 01 verkörpert die Einheitslok
schlechthin. Sie war zwar weder die
leistungsfähigste noch die schnellste
Maschine ihrer Familie. Mit ihr und
der Schwester 02, die später in die
01 umgebaut wurde, begann aber
das neue Zeitalter des Bahnverkehrs
in Deutschland. Erst sehr spät
konnte die Bahn auf sie verzichten.
Die Bundesbahn musterte sie 1973
aus, die Reichsbahn 1982.

→ Baureihe 01.10

So leistungsfähig die Baureihe 01
auch war, den stetig wachsenden
Ansprüchen konnten die Maschinen
nicht immer genügen. Mitte der

dreißiger Jahre arbeitete die Reichsbahn an Lokomotiven, die deutlich
höhere Geschwindigkeiten erzielen
sollten. Getreu dem Grundsatz „Evo-
lution vor Revolution" legte das
Konstruktionsbüro den Entwurf für
eine Drillings-01 vor. Das Dreizylin-
dertriebwerk bescherte der Lok eine
gute Anfahrbeschleunigung. Zudem
wuchs die Höchstgeschwindigkeit
von 120 auf 140 km/h. Die Reichsbahn errechnete einen Bedarf
von 400 Lokomotiven. Nachdem
Deutschland aber den Zweiten
Weltkrieg entfesselt hatte, standen
andere Beschaffungen in den Plänen, sodass nur 55 Lokomotiven die
Werkshallen verließen. Sie gelangten
samt und sonders zur Deutschen
Bundesbahn, die sie bis 1975 ein-
setzte.

Baureihe 01
mit DB–Neubaukessel

Noch in der zweiten Hälfte der fünfziger Jahre schleppten Dampflokomotiven das Gros der Züge. Deshalb modernisierte die Bundesbahn gut vier Dutzend 01 durch Einbau eines Hochleistungskessels. Anfang der siebziger Jahre schieden sie aus dem Dienst.

49

Baureihe 02

Als Zugeständnis an die Verfechter
des Verbundprinzips entstanden
neben der Baureihe 01 gleichartige
Maschinen mit doppelter Dampfdehnung. Diesen spendierte Bauart-
dezernent Wagner sein Lieblingspro-
jekt, den Langrohrkessel, womit bewiesen ist, dass die Loks nicht nur
als Alibi dienen sollten. Wegen konstruktiver Mängel konnten sie die
grundsätzlichen Vorteile der Bauart
nicht ausspielen. Wichtiger war aber,
dass der Wartungsaufwand in kei-
nem wirtschaftlichen Verhältnis zu
den etwas höheren Leistungen der
Maschinen stand. Bis 1942 baute
die DR die 02 in 01 um.

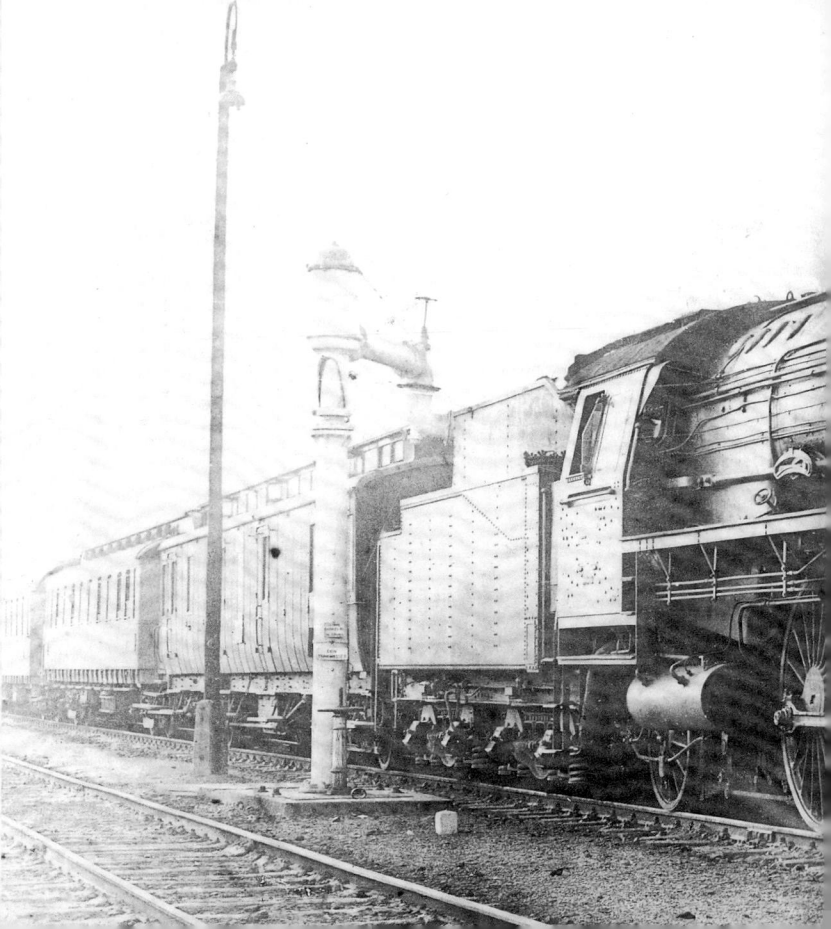

Baureihe 99 321 – 323

In den dreißiger Jahren wollte die Reichsbahn den Reisezugverkehr
der Bad Doberaner Bäderbahn beschleunigen und beschaffte für
50 km/h zugelassene Maschinen. Das im oberen Teil zwecks Ein-
haltung des Lichtraumprofils stark abgeschrägte Führerhaus gab
den Maschinen ein eigenwilliges Aussehen. Um ein Qualmen in
der Stadt zu vermeiden, erhielt der Schlot eine seilzugbetätigte
Klappe. Bis heute fahren die Loks auf der inzwischen privatisierten
900-mm-Bahn.

Baureihe 04

Für Versuchszwecke beschaffte die Reichsbahn zwei Verbund-
lokomotiven, deren Kessel 25 bar Druck zuließen. Beide Maschinen
zeigten zwar gute Leistungen, erwiesen sich aber als sehr
störanfällig. Als der Dampfdruck auf 16 bis 17 bar gesenkt wurde,
sanken die Leistungen nur geringfügig. Zuletzt als 02 101 und 102
bezeichnet, liefen sie in Plänen der 01 und 02. Dabei verbrauchten
sie deutlich weniger Kohle als die 02. Nach der Kesselexplosion der
02 102 wegen eines Bedienfehlers stellte die Reichsbahn Mitte
1939 sicherheitshalber auch die Schwesterlok ab.

05 001/002

In den dreißiger Jahren musste sich die Dampflok wachsender

Konkurrenz schneller Dieseltriebzüge erwehren. Die Industrie

wollte daher eine Schnellfahrlok entwickeln. Für Versuchsfahrten

vor neuen Reisezugwagen übernahm die Reichsbahn zwei Loks in

Stromlinienform. Mit 200,4 km/h erzielte die 05 002 am 11. Mai

1936 einen Weltrekord für Dampfloks. Ab Mai gleichen Jahres

fuhren beide Loks im Fernschnellverkehr. Ihrer Verkleidung

beraubt, arbeiteten sie nach 1945 in gleichen Diensten. 1958

musterte die Bundesbahn die Maschinen aus.

24 069/070

In ihr Versuchsprogramm für 25 bar Kesseldruck nahm die

Reichsbahn auch zwei Loks der Baureihe 24 auf. Die 24 069

erhielt sofort ein Zweizylinder-Verbundtriebwerk, die 070 erst

nach dem Scheitern eines Experimentes mit der Zwillings-

ausführung. Mit 4,9kg/PSih erreichte die 24 069 den niedrigsten

Dampfverbrauch aller Versuchsloks. Wegen Kessel- und

Feuerbüchsschäden musste die Reichsbahn den Kesseldruck auf

20 bar reduzieren. 1952 baute die DB die Maschinen auf die

Regelausführung um.

06 001/002

Bereits 1934 gab die Reichsbahn bei Krupp die Baumuster einer

vierfach gekuppelten Schnellzuglok in Auftrag. Als Krupp endlich

lieferte, hatte die Bahn bereits das Interesse an der Maschine

verloren. Sie erhielten den Kessel der 45, der auch in der

Schnellzuglok nicht überzeugen konnte. Während des Krieges

schleppten die Loks vornehmlich D-Züge von Frankfurt nach Erfurt

und Würzburg, fielen aber häufig wegen Kesselschäden aus. Die

Bundesbahn arbeitete die Loks nicht auf, sondern musterte sie

1951 aus.

Baureihe 42

Erst nachdem Deutschland den Zweiten Weltkrieg vom Zaun

gebrochen hatte, begannen Überlegungen, welche Lokomotiven

die zum Truppen- und Munitionstransport nötigen Züge fördern

sollten. Im Mai 1942 legte die Führung fest, 8000 Exemplare einer

Maschine mit 18 t Achslast und den Leistungen der 44 zu bauen.

Als die erste Probelok bereitstand, konnte das Dritte Reich den

Krieg zwar nicht mehr gewinnen. Trotzdem entstanden noch

847 Loks, denen bis 1949 18 Nachbauten folgten. Die DB musterte

ihre Erbstücke bereits 1954 aus, bei der DR fuhren sie bis 1968.

Baureihe 52

Nur wenige Jahre sollte die Baureihe 52 fahren. Dann glaubten die

Diktatoren, den Zweiten Weltkrieg gewonnen zu haben und die

Loks ersetzen zu können. Deren Konstruktion basierte auf der 50,

die seit Kriegsbeginn in immer stärker vereinfachter Form

entstand. Bei der 52 entfielen weitere Ausrüstungsteile oder

wurden vereinfacht. Wie viele Loks genau die Fabriken verließen,

ist nicht bekannt. Die Bundesbahn musterte ihre Erbstücke bis

1963 aus.

Baureihe 50

Die im Einheitsprogramm beschafften leistungsfähigen

Güterzugloks konnten wegen ihrer hohen Achslast nur auf

Hauptbahnen verkehren. Deswegen gab das Verkehrsministerium

1937 eine einfach gebaute, pflegeleichte Güterzuglok mit 16 t

Radsatzmasse in Auftrag. Mit der Baureihe 50 gelang den

Entwicklern ein großer Wurf. Die Lok überzeugte in allen

Bereichen. Nach Kriegsbeginn wurde sie zunächst weitergebaut,

wenn auch schrittweise vereinfacht. Die Produktion mündete

schließlich in die Kriegslok der Baureihe 52.

Baureihe 23

Anfang der fünfziger Jahre musste die Bundesbahn die 38.10

ersetzen. Geeignete Dieselloks waren noch Zukunftsmusik, weshalb

eine Dampflok entwickelt wurde. Der Hochleistungskessel mit

Verbrennungskammer, weitgehend geschweißten Baugruppen,

Rollenlager für Achsen und Stangen sowie ein für hohe

Rückwärtsgeschwindigkeiten geeignetes Laufwerk zeigten

den gewaltigen Fortschritt der Dampfloktechnik. Die letzte 23

überdauerte die letzte 38.10 um gerade ein Jahr.

Baureihe 99.77

Anfang der fünfziger Jahre dachte
die Reichsbahn auch an die Erneue-
rung des Lokbestandes der Schmal-
spurstrecken. Bei LOB entstanden
daher in Anlehnung an die Baureihe
99.73 leistungsstarke Maschinen,
welche die modernen Baugrundsätze
verkörperten. Probleme bereitete vor
allem der anstelle des Barrenrah-
mens installierte Blechrahmen, der
zu Verbiegungen neigte. Doch erst
ab 1991 fertigte das Raw neue Rahmen, zudem Ersatzkessel. Zahlreiche
Loks sind noch heute im Einsatz.

25 001/1001

Im ersten Typenprogramm der Reichsbahn stand eine vierfach
gekuppelte Universallok. Schon bei Fertigstellung der beiden
Baumuster war man jedoch von dem Konzept wieder abgekommen
und verzichtete auf die sonst üblichen Messfahrten mit der Lok.
Die 25 001 besaß anfangs eine Rostfeuerung für Braunkohle-
briketts und wurde 1958 auf Kohlenstaubfeuerung umgebaut. Die
25 1001 fuhr von Beginn an mit Staub. Im Hügelland konnte die 25
mit der 03 mithalten, auf Flachlandstrecken wegen des zu geringen
Kuppelraddurchmessers von 1600 mm nicht. 1967 stellte die
Reichsbahn die Loks ab und verschrottete sie 1969.

10 002

Die zweite Vorserienlok der geplanten Baureihe 10 verfügte von Beginn an über eine Ölhauptfeuerung. Ansonsten unterschied sie sich kaum von der Schwester. Für beide Loks galt, dass die hohe Achslast von 22 t ihren Einsatz auf zahlreichen Strecken ausschloss. Ihre Höchstgeschwindigkeit von 140 km/h fiel kaum ins Gewicht, gab es doch gleichermaßen schnelle Dampfloks und zwischenzeitlich auch Dieselloks. Bereits 1967 stellte die DB die Maschine ab und schickte sie als Heizlok nach Ludwigshafen.

Baureihe 41 Umbau DB Öl

Neben dem neuen Hochleistungskessel erhielten 40 Maschinen der
Baureihe 41 eine Ölhauptfeuerung
anstelle der Rostfeuerung. Sie stei-
gerte nochmals die Leistungen der
Lok. Allerdings konnte die Lok diese
nicht voll ausfahren, da man die
Heißdampftemperaturen senken
musste, um zu verhindern, dass der
Schmierölfilm im Zylinder verkokte.
Bis zum Ende des Dampfzeitalters
bei der DB 1977 blieb die als Baureihe 042 bezeichnete ölgefeuerte
Variante im Bestand.

Baureihe 03.10 Reko DR

Ein Teil der in der DDR verbliebenen 03.10 erhielt statt eines Neubaukessels alter Bauart einen vollständig geschweißten Hochleistungskessel mit Verbrennungskammer. Vom Bw Stralsund aus schleppten sie Schnellzüge nach Berlin sowie die internationalen Reisezüge zur Fährlinie Sassnitz – Trelleborg. Ab 1965 rüstete das Raw Meiningen 15 Maschinen auf die Ölhauptfeuerung um. Sie gehörten zu den leistungsfähigsten Schnellzuglokomotiven der DR. 1980 stellte die Reichsbahn ihre letzte Reko-03.10 ab.

18 314 (02 0314)

Eine Maschine der Baureihe 18.3 gelangte 1948 im Tausch gegen eine 18.4 von Hof nach Dresden. Nach Einsätzen als Kurierzuglok wurde sie dem Versuchsamt Halle überstellt, das zunächst nur den Tender tauschte. 1958 begann der Umbau zur Schnellfahrlok mit Tempo 160. Dabei erhielt sie unter anderem den für die 03.10 vorgesehenen Hochleistungskessel. Die Reichsbahn setzte die leistungsfähige Maschine bis zum Ablauf der Kesselfrist 1971 ein. Dann überquerte sie erneut die innerdeutsche Grenze, kam erst nach Frankfurt, dann nach Sinsheim.

Baureihe 50.35

Nur 350 Exemplare konnte die Reichsbahn von der Baureihe 50 übernehmen. Da ihr daneben nur die Kriegsloks der Baureihe 52 für den Verkehr auf Nebenbahnen mit leichtem Oberbau zur Verfügung standen, stattete sie die Loks, die einen Kessel aus nicht alterungsbeständigem Stahl hatten, mit von der 23.10 abgeleiteten Aggregaten mit Verbrennungskammer aus. In erster Linie schleppten die Loks Güterzüge, aber auch Personenzüge rund um Magdeburg.

Baureihe 52.80

Da der Neubaukessel der 50.35 sich auch für die benötigte 52 eignete, entschied die Reichsbahn, die Kriegslok in das Rekoprogramm aufzunehmen. Leistungsfähig und genügsam schleppten die Loks Güterzüge in Ostsachsen, der Altmark, Brandenburg, Anhalt und Thüringen. Sie gehörten zu den letzten Dampfloks und fuhren sogar 1989 noch im Plandienst.

18 201 (02 0201)

Um Reisezugwagen für den Export mit 160 km/h Höchstgeschwindigkeit erproben zu können, benötigte die Reichsbahn eine geeignete Lok. Diese entstand aus dem Fahrwerk der 61 002, den Außenzylindern der Versuchslok H 45 024 und dem für de 03.10 genutzten Rekokessel. 1964 erreichte sie auf dem CSD-Versuchsring in Prag-Velim 176 km/h Höchstgeschwindigkeit. Neben den Versuchsfahrten bewältigte die Maschine anspruchsvolle Planfahrten. Um 1980 herum wechselte die Lok in den Traditionsbestand der DR.

Baureihe 41 Reko DR

Selbstverständlich nahm die Reichsbahn auch die Baureihe 41 in ihr Rekonstruktionsprogramm auf. Die Kessel mussten ohnehin ausgetauscht werden. Zudem ließ sich die Verdampfungsleistung durch den Einbau einer Feuerbüchse mit Verbrennungskammer deutlich verbessern. Dadurch erreichten die Lokomotiven wieder die Leistungsfähigkeit der 41 mit 20 statt 16 bar Kesseldruck und waren auch den Schwestern mit Neubaukessel deutlich überlegen.

Wie diese schleppten sie Züge jedweder Kategorie.

Österreich

Die erste österreichische Dampfbahn tangierte die Landeshauptstadt nur. Sie führte seit dem 17. November 1837 von Floridsdorf bei Wien in den 13,1 Kilometer entfernt liegenden Ort Wagram.

„Kaiser-Ferdinands-Nordbahn" nannte sich die Verbindung und der Name drückt schon aus, dass es sich um keine Lokalbahn handeln sollte. Vielmehr war beabsichtigt, die Linie nach Krakau weiterzuführen. Zunächst einmal gelang es aber, die

Weltberühmt: Viadukt Kalte Rinne der Semmeringbahn

Donau zu überbrücken und Wien an den Schienenstrang anzuschließen. Ab dem 6. Januar 1838 erreichten die Züge den Bahnhof Praterstern, der erst 1975 in Wien Nord umbenannt wurde. In Lundenberg zweigte ab 1839 das Gleis nach Brünn von der Hauptlinie ab. Krakau wurde dagegen erst 1856 erreicht.

1841 maß das österreichische Streckennetz – Ungarn erhielt seine eigenen Eisenbahnen – etwa 350 Kilometer. In jenen Tagen sorgten Aktien- und Grundstückspekulationen für Schlagzeilen, hatte sich doch rasch herumgesprochen, wann und wo neue Schienenwege entstehen

sollten. Der Staat gebot dem Einhalt, indem er proklamierte, die wichtigsten neuen Strecken auf eigene Kosten errichten zu wollen. Dazu zählten die Strecken Wien – Graz – Triest, Wien – Linz – Salzburg und Wien – Brünn – Prag – Bodenbach. Zugleich erhielt die Regierung das Recht, wichtige Eisenbahnen zu erwerben. Bis 1854 wuchs das Staatsbahnnetz auf 924 Kilometer. Private Bahnen nannten weitere 431 Kilometer ihr Eigen.

In jenem Jahr stand der Staat vor dem Bankrott. Um diesen abzuwenden, verkaufte er Teile seines Eigentums, neben Bergwerken, staatlichen Forsten und Domänen auch die Eisenbahnen. 170 Millionen französische Francs zahlten Investoren beispielsweise für die nördliche Staatsbahn Brünn – Bodenbach, die südöstliche Linie Marchegg – Szolnok – Szegedin. Auch die Südbahn, die Kaiser-Ferdinands-Nordbahn und die Galizische Karl-Ludwig-Bahn übernahmen Strecken, die der Staat nicht mehr bezahlen konnte. In eigener Währung nahm er durch den Verkauf 169 Millionen Gulden ein, nachdem er in den Jahren zuvor mehr als 336 Millionen Gulden investiert hatte. 1860 gehörten 13,6 Kilometer Gleis dem Staat: die Linien von Bodenbach an die sächsische und von Kufstein an die bayerische Grenze.

1874 nahm der Staat den Bahnbau mit kleineren Linien in Böhmen, Dalmatien, Galizien und Istrien wieder auf. 1877 wurde ein Gesetz verabschiedet, das die Verstaatlichung von Privatbahnen vorsah. Als Erste geriet die Kronprinz-Rudolf-Bahn in die Hände des Staates, der 1884 die Kaiserlich-königlichen Staatseisenbahnen gründete und 1885 schon wieder die Herrschaft über mehr als 5000 Streckenkilometer hatte. Als die Verstaatlichungs-

welle 1909 endete, gab es mit der Südbahn nur noch eine private Gesellschaft. Sie verlor 1919 einen Großteil ihrer Strecken, als Südtirol an Italien abgetreten werden musste, und ging 1924 in die Bundesbahnen auf.

In den Bergen südlich von Wien findet sich ein Denkmal der besonderen Art: die Semmeringbahn. Die für Kulturpflege zuständige Organisation der Vereinten Nationen, die Unesco, hat mit dieser Gebirgsbahn 1998 erstmals eine Eisenbahnlinie unter ihren Schutz gestellt. Sie erklärte sie zur Welterbestätte der Menschheit. Dies ist zum einen auf den großen Einsatz der rührigen „Allianz für Natur" zurückzuführen, die sich seit Jahren für den Erhalt dieser einzigartigen Gebirgsbahn stark macht. Zum anderen gehört die Semmeringbahn zu jenen Strecken, die ohne den Schutz der Vereinten Nationen schlichtweg aus den Kursbüchern verschwinden würden.

Einige Loks der Baureihe Württemberger K kamen nach Österreich an den Semmering

Die Österreichischen Bundesbahnen, die Bundesregierung und andere möchten nämlich den Semmering untertunneln. Einzig und allein darin sehen sie eine Möglichkeit, den Schienenverkehr auf der Relation attraktiver zu machen. Ganz Unrecht haben sie damit nicht. Die engen Bögen der steil ansteigenden Strecke verhindern, dass Fernzüge eine zeitgemäße Reisegeschwindigkeit erreichen. Güterzüge brauchen Vorspannlokomotiven, um die Strecke zu bewältigen. Auch sind der Länge und dem Gewicht der Züge engere Grenzen gesetzt als dies auf einer annähernd geraden, nur mäßige Neigungen aufweisenden Tunnelstrecke der Fall wäre. Ein Semmeringbasistunnel brächte also betrieblich durchaus Vorteile.

Für die von Carl Ritter von Ghega erbaute, auch heute noch kühn wirkende Alpenmagistrale würde dies aber den Todesstoß bedeuten. Ähnlich der Bergbahn im schweizerischen Furka-Gebiet droht sie zu einer Museumsbahn degradiert zu werden. Das muss aber nicht sein. Entlang der Semmeringbahn gibt es zahlreiche Siedlungen, die heute zum Teil mehr schlecht als recht vom öffentlichen Verkehr erschlossen sind. Regionalzüge könnten also auf der alten Strecke verbleiben, deren Existenz damit gesichert wäre.

Dies sollte nicht nur aus Gründen des Denkmalschutzes geschehen, auch wenn schon allein die 15 Tunnels und die 16 Steinbogenviadukte dafür sprechen. Ohnehin zeigen sie sich nicht mehr im Ursprungszustand, wurde doch zum einen die Strecke elektrifiziert und erhielt sie zum anderen eine zweite Tunnelröhre. Auch geschichtlich steht die Semmeringbahn einzigartig dar, gelang es doch erstmals, mit der Dampfbahn die Alpen zu überwinden. Niemand anderes als Robert Stephenson, kongenialer Sohn George Stephensons, hatte noch erklärt, die für die Überschienung des Semmerings notwendigen Steigungen seien mit Dampflokomotiven nicht zu bewältigen. Ghega wagte die Probe aufs Exempel und gewann. Den leistungsstarken Maschinen, die Mitte des 19. Jahrhunderts zur Verfügung standen, bereitete die Strecke keine großen Schwierigkeiten mehr.

Dampflok Nr. 4 (ZB)

Die Lok Nr. 4 der Zillertalbahn ist
eine Vertreterin der JZ-Dampflo-
kreihe 83, die einst vor allen Zug-
gattungen anzutreffen war und bis
zuletzt in Bosnien im Einsatz war.
Die 83-076 war in Jugoslawien
Denkmallok, bis sie vom Club 760
erworben, instand gesetzt und im
Herbst 1993 langfristig an die Zillertalbahn vermietet wurde. Im RAW
Meiningen erfuhr die Lok eine
Hauptausbesserung und ging 1994
im Zillertal in Betrieb. Dort wird sie
vor allem vor langen und schweren
Zügen eingesetzt.

Dampflok 701/702/703 (Achenseebahn)

Die Zahnraddampfloks der meterspurigen Achenseebahn sind

mit drei voneinander unabhängigen Bremsen ausgerüstet. Die

Antriebskraft wird vom Zylinder aus über den Kreuzkopf und

die Treibstangen auf eine Vorgelegewelle übertragen. Diese treibt

mit einer Übersetzung von 1 : 1,95 die Zahnradachse samt

Triebzahnrad an. Auf den Flachstrecken sorgen dagegen

Kuppelstangen für die Kraftübertragung auf die Adhäsionsräder.

Reihe 380

Anfang des 20. Jahrhunderts trat der Heißdampf auch in Österreich seinen Siegeszug an. Die k.k. Staatsbahnen kombinierten ihn mit dem Verbundprinzip und erhielten eine hochleistungsfähige Schnellzuglokomotive. Deren Treibachse war spurkranzlos, die zweite und fünfte Kuppelachse hatte ausreichend Seitenspiel, um die Lok problemlos 150 m enge Bögen passieren zu lassen. Nach 1918 musste Österreich 18 Maschinen an die neuen Nachbarn abtreten. Die übrigen Loks wechselten in den Güterverkehr. Bis zum Ende des Zweiten Weltkrieges blieben sie im Einsatz.

Reihe 310

Die Schnellzug-Dampflok der Reihe 310 wurde als Heißdampf-

variante der Reihe 210 gebaut. Im Flachland konnte die elegante

Schlepptenderlok mühelos eine Anhängelast von 400 t mit

100–110 km/h ziehen. In steigungsreichem Terrain kämpfte sie

dagegen mit dem hohen Eigenwiderstand der schweren Doppel-

Kolbenschieber und der damit verbundenen Schwergängigkeit

der Steuerung. Eine Besserung brachten die ab der 310.29

vergrößerten Hochdruckschieber.

Reihe 580

Ein langes Leben war den robusten und leistungsstarken Heißdampf-Zwillingen der Reihe 580 beschert. Sowohl der verdampfungsfreudige Kessel als auch das Fahrwerk überzeugten vollends. Am Semmering schleppten die Loks 310 t schwere Schnellzüge mit 30 km/h über die Rampe. Auch am Brenner oder vor dem Langlauf Breclav – Wiener Neustadt – Straß-Spielfeld – Maribor machten sie eine gute Figur. Im Zweiten Weltkrieg schleppten sie schwere Kohlezüge nach Italien. Bis 1964 waren die soliden Maschinen im Einsatz.

Reihe 95 (82)

Für den Güterverkehr auf kurzen
Strecken sowie den Vorspann- und
Schiebedienst auf Rampen beschafften die Bundesbahnen schwere
Tenderloks, die maximal 60 km/h
erreichten. Ihr Dampfverbrauch
lag allerdings wegen verschiedener
konstruktiver Mängel sehr hoch.
Anfangs als 82 eingereiht, behielten
die ÖBB nach 1945 die von der
Deutschen Reichsbahn eingeführte
Bezeichnung 95 bei. 1956 rüsteten
die ÖBB sämtliche verbliebenen Loks
mit Giesl-Flachejektoren und Siede-
rohrdrosselung aus, wodurch die
Leistungen um 31 % wuchsen. Bis
1971 standen die Loks in den
Bestandslisten.

Schweiz

Erst sehr spät, 1847, trat die Schweiz in den Kreis der europäischen Eisenbahnländer. Am 9. August 1947 rollte der erste Zug über die „Spanisch-Brötli-Bahn" von Zürich nach Baden.

Streng genommen aber war die Schweiz schon drei Jahre zuvor zum Eisenbahnland geworden. Am 15. Juni 1844 ging die Strecke von Straßburg nach Basel in Betrieb. Sie kreuzte die Grenze bei St. Louis und endete zunächst im Vorort St. Johann. Exakt 1668 Meter maß der eidgenössische Teil der Strecke, die nur gegen erheblichen Widerstand anderer Kantone und der veröffentlichten Meinung durchzusetzen war. So warnte die „Neue Zürcher zeitung" davor, die Franzosen könnten nach Inbetriebnahme der Strecke schnell und bequem 20.000 Mann nach Basel schicken und so die nordwestlichen Verteidigungslinien der Schweiz überrollen. Weshalb aber die Franzosen dieses Abenteuer wagen sollten, darüber schwiegen die Herren Journalisten besser.

Die ersten Schweizer Lokomotiven kamen aus Baden. Kessler in Karlsruhe fertigte vier Dampfloks. Der technische Direktor der Maschinenfabrik, Nikolaus Riggenbach, schrieb sich später in das große Buch der Eisenbahngeschichte ein. Er entwickelte eine Möglichkeit, Dampfloks im Gefälle durch Gegendruck zu bremsen. Die Riggenbach-Bremse wurde bis zum Ende des Dampfzeitalters eingesetzt. Bis in die heutige Zeit fahren Zahnradbahnen auf Zahnstangen nach dem System Riggenbach.

Das Netz wuchs in den ersten Jahren nur langsam. Bis 1872 lag die Eisenbahnhoheit bei den Kantonen, die Lizenzen, gar an Eisenbahngesellschaften in ausländischem Besitz, nur zögerlich vergaben. Mit dem Eisenbahngesetz von 1872 zeichnete sich der Bund für die Genehmigung von Bauten verantwortlich, doch blieb es beim Prinzip, Private mit dem Bau und der Betriebsdurchführung zu beauftragen. Da man weiterhin Angst vor ausländischem Kapital hatte, ging es vor allem in Bereichen vorwärts, in denen höhere Interessen die Bautätigkeit beflügelten, beispielsweise bei der Überquerung des Gotthards. 1898 sprachen sich die Bürger dann in einer Volksabstimmung für den Kauf der wichtigsten Privatbahnen durch den Bund aus, der zum 1. Januar 1902 die Schweizerischen Bundesbahnen in das Leben rief. Bis diese den Erwerb abgeschlossen hatten, schrieb man bereits das Jahr 1909. Zu diesem Zeitpunkt lief die Konzession für die Gotthardbahn aus und der Bund konnte auch diese Linie unter seine Kontrolle bringen. Drei Jahre zuvor war mit der Simplonlinie eine weitere Alpenquerung vollendet worden.

Eine Art Dreiländerbahn entstand in der zweiten Hälfte des 19. Jahrhunderts in der Schweiz. Diese Bezeichnung resultiert nicht daraus, dass sie durch drei Kantone – diese sind in der Schweiz der Staat, während die Föderation als der Bund definiert wird – führt und

Faido, Gotthardsüdrampe, um 1900

von kantonalen Gesellschaften betrieben wird. Vielmehr verständigten sich die Schweiz, Deutschland und Italien auf den gemeinsamen Bau der Alpenmagistrale. Besonders engagierte sich Reichskanzler Otto von Bismarck für die Gotthardlinie. Deutschland und Italien trugen denn auch maßgeblich zur Finanzierung der Strecke bei, die beide Länder über neutralen Boden miteinander verband. Dass Deutschland und Österreich beste Beziehungen führten, nützte im Kontakt mit Italien nämlich gar nichts, gab es doch heftige Territorialstreitigkeiten zwischen Österreich-Ungarn und dem Stiefelstaat. Die Linien über den Semmering und den Brenner nützten dem Reich im Spannungsfalle folglich wenig.

Für die technische Ausführung der Gotthardbahn zeichnete sich Louis Favre verantwortlich. Er versprach, den Tunnel binnen acht Jahren für 56 Millionen Franken zu erbauen. Bereits die Tunnel von Grandvaux und Creusot an der Strecke Lausanne – Freiburg – Bern waren unter seiner Regie entstanden. Für den Bau der Gotthardlinie ließ er die beim Bau des französisch-italienischen Mont-Cenis-Tunnel eingesetzten pneumatischen Tunnelbohrmaschinen verbessern. Damit glaubte er sich den Anforderungen gewachsen. Doch der Gotthardgranit erwies als härter als gedacht. Zusätzliche Ausmauerungen und Versprießungen verzögerten die Bauarbeiten. Wassereinbrüche erschwerten nicht nur den Arbeitern ihr Tage-

werk, sondern brachten auch den Zeitplan durcheinander. Der Eröffnungstermin 1. Oktober 1880 ließ sich nicht halten. Die mit der Verzögerung verbundenen Konventionalstrafen trieben Favres Unternehmen in den Ruin. Sein Begründer brauchte dies aber nicht mehr mitzuerleben. Am 19. Juli 1879 erlitt er bei einem Besuch der Baustelle einen tödlichen Schlaganfall. Am 28. Februar 1880 erfolgte der Durchschlag. Dieses Ereignis konnte man in jenem Jahr am 29. feiern. Mit Jahresbeginn 1882 konnten dann die ersten Züge den Gotthardtunnel befahren. Der Planbetrieb wurde am 22. Mai 1882 in Anwesenheit deutscher und italienischer Staatsgäste aufgenommen. Im Folgejahr wurde auch das zweite Streckengleis fertig gestellt.

Nicht nur Favre verkalkulierte sich bei den Planungen, auch die Gotthardbahngesellschaft selbst musste mehr Geld aufbringen als ursprünglich vorgesehen war. Allein der Bau der Tessiner Vorlaufstrecke überschritt den Kostenvoranschlag um 130 Prozent. Nun ist der Basistunnel in Arbeit. Ein gigantisches Projekt, das die klassische Gotthardbahn ersetzen wird.

Eb 2/4 5469

Diese Tenderlok der Bauart „American" der Jura-Simplon-Bahn

wurde speziell für die Lokalzüge Lausanne – Genf beschafft.

Nach der Elektrifizierung 1925 wanderten alle Loks bis auf eine

(Eb 2/4 5469) auf den Schrottplatz. Das letzte Exemplar fand noch

auf der Nebenlinie Nyon – Crassier – Divonne bis 1947 Verwendung

und wurde dann als historisches Fahrzeug aufbewahrt.

A 3/5

Noch zu Zeiten der Jura-Simplon-Bahn standen die ersten de-

Glehn-Maschinen der Serie A 3/5 auf den Gleisen. Ihr Schöpfer

war Carl Rudolf Weyermann, der schon zuvor mit einer zweifach

und einer dreifach gekuppelten Lok Akzente gesetzt hatte. Die

Bundesbahnen beschafften die Verbundlokomotive in großer

Stückzahl. Zwischen 1913 und 1922 installierten sie in 68

Fahrzeugen einen Überhitzer der Bauart Schmidt. Damit gelang

es, die Leistungen um 10 % zu steigern. Bis 1964 blieben die

robusten Flachlandrenner im Dienst.

Czm 1/2 31

Als Unikat wurde der Czm 1/2 31 (ganz links im Bild) einst von

der Schweizerischen Nordostbahn bestellt, ging dann aber gleich

nach Auslieferung an die SBB über, um im Züricher Vorortverkehr

eingesetzt zu werden. 1906/07 verkauften ihn die SBB an die

Uerikon-Bauma-Bahn.

G 4/5 RhB

Mit der Erweiterung ihres Netzes zur Jahrhundertwende benötigte

die RhB neue, leistungsstärkere Loks. Insbesondere die Albula-

Nordrampe mit bis zu 35 ‰ Neigung forderte Mensch und

Material das Äußerste ab. Die G 4/5 ähnelt zwei Schlepptenderloks,

die SLM 1901 den Äthiopischen Eisenbahnen geliefert hatte.

Im Bündner Meterspurnetz hatten sie auf Probefahrten ihre

exzelltente Laufkultur unter Beweis gestellt. Die Forderungen der

RhB erfüllten sie spielend. Mit geringen Änderungen übernahm

die RhB die Konstruktion und setzte die letzten Loks 1952 ein.

C 5/6

Schwere Güterzüge sollte die neue Gotthard-Lokomotive der SBB schleppen, aber auch vor Schnellzügen Tempo 65 erreichen. Ein anspruchsvolles Programm also. Die beiden Baumuster arbeiteten mit einfacher Dampfdehnung und bewährten sich nicht sonderlich. Für die Serie ordneten die SBB daher den Einbau eines Verbund-triebwerks nach System von Borries mit innen liegenden Hoch-druckzylindern an. Die in ihrer Schlichtheit formschönen Loks überzeugten, standen trotz guter Liestungen bald im Schatten der elektrischen Traktion. Trotzdem blieben sie bis 1968 im Bestand.

Russland

Früh begann das Eisenbahnzeitalter in Russland. Am 30. Oktober 1837 fuhr der erste Zug. Das Russland auf die Breitspur setzte, hatte aber nichts mit dem Vormachtstreben zu tun. Vielmehr überzeugten US-Investoren die Regierung, dass die Spurweite von 1524 Millimetern der Regelspur überlegen sei. Ganz Unrecht hatten sie damit nicht – je breiter die Spur, desto sicherer folgt ein Schienenfahrzeug seinem Weg.

Bis heute aber leidet der Gütertausch mit Russland sowie den anderen Nachfolgestaaten der Sowjetunion am notwendigen Spurwechsel.

← Baureihe OW

Schon 1875 gelangten erste Vierkuppler aus Deutschland nach Russland. Die D-Lokomotiven entwickelte man weiter und verstärkte sie. Die unter der Bezeichnung O – mit verschiedenen Kennbuchstaben versehen – zusammengefassten Vierkuppler waren bis 1920 die russischen Standardgüterzugloks, wurden dann allerdings rasch durch wesentlich stärkere Fahrzeuge abgelöst. Umgebaut arbeiteten viele Lokomotiven noch im schweren Rangierdienst.

Baureihe SU

In den zwanziger Jahren entwickelte die Lokomotivfabrik Kolomna

eine Schlepptenderlok mit der Bezeichnung SU. Der Buchstabe U

deutet auf die gegenüber der S aus der Zarenzeit verstärkte

Ausführung hin. Ab 1925 baute man die SU in mehreren Werken

in Serie. Es entstanden mehrere Tausend dieser Fahrzeuge. Mit

120 km/h konnten die SU auch vor Schnellzügen eingesetzt

werden, wobei sie vor schweren Zügen mit Vorspann fahren

mussten.

Baureihe L

Die Schlepptenderloks der Baureihe L waren häufig anzutreffende Güterzugmaschinen. Ihre Achsfahrmasse betrug maximal 18 t, sodass sie auch auf schwächerem Oberbau verkehren durften. Die Höchstgeschwindigkeit lag bei 80 km/h. Die Serienloks entstanden ab 1947 aus den Prototypen P-0001 und P-0002 von 1945. Die L waren für die SZD ein Standardtyp, der in großer Stückzahl gebaut wurde. Noch in den achtziger Jahren des zwanzigsten Jahrhunderts fuhren einige dieser Fahrzeuge planmäßig.

Baureihe P 36

Die Baureihe P 36 bildete den Abschluss des Dampflokbaus für

die SZD. Diese schweren Lokomotiven mit ihren sechsachsigen

Schlepptendern waren für den gemischten Dienst konzipiert, wobei

die Verwendung im schweren, höherwertigen Reisezugdienst

dominierte. Trotz ihrer Größe eigneten sich die für 125 km/h

ausgelegten Fahrzeuge auch für Strecken mit leichtem Oberbau

und nur 18 t Achsfahrmasse. Die Lok P 36-0251 war 1956 die

letzte für die SZD gelieferte Streckendampflok.

Baureihe SO

Die russischen Staatseisenbahnen haben noch fünf Exemplare

der einstmals in weitaus größeren Stückzahlen vorhandenen

Dampfloks der Baureihe SO im Bestand, einige davon in vor-

züglichem Erhaltungszustand. Die Maschinen erreichen eine

Höchstgeschwindigkeit von 75 km/h und sind in erster Linie für

den Güterverkehr entwickelt worden. Ihre Zugkraft beträgt 223 kN.

Tschechien, Slowakei

Zahlreiche Loktypen fahren in Tschechien und der Slowakei gleichermaßen. Die 1918 von den Alliierten verordnete Vereinigung beider Länder führte zu einer gemeinsamen Entwicklung der Bahnen.

← 534.03 CSD

Die Lokomotiven der Baureihe 534.03 der CSD entstanden 1945 bis 1947 bei Skoda und CKD. Bei ihnen handelt es sich um 1'E-Güterzugloks, bei denen eine hohe Zugkraft realisiert wurde. Die Kuppelräder messen nur 1310 mm, die Höchstgeschwindigkeit ist auf 60 km/h begrenzt. Die letzten 534.03 schieden erst 1980 aus dem Bestand der CSD – sie gehörten zu den allerletzten Dampfloks, die noch in der Tschechoslowakei eingesetzt wurden.

← 475.1 CSD

Die von 1947 bis 1951 gebauten 475.1 waren als Universalloks konzipiert: Sie sollten Schnellgüterzüge befördern und Reisezüge bis 100 km/h. Letztlich dominierten die Einsätze vor zum Teil sogar hochwertigen Reisezügen. Bei den 475.1 nutzte man die Erkenntnisse moderner Dampfloktechnik aus. Sie erhielten deshalb geschweißte Kessel mit Verbrennungskammern und weiteren Einrichtungen, um den Wirkungsgrad der Dampfmaschine zu optimieren.

→ 556.0 CSD

Mit den während des Baus der deutschen Baureihen 50 und 52 gesammelten Erfahrungen im Gepäck entwickelte Skoda eine leistungsfähige Güterzug-Schlepptender-Dampflok. Die bis dahin gebauten Gattungen genügten den gestiegenen Anforderungen nicht mehr. Mit bis zu 80 km/h Höchstgeschwindigkeit beförderte die 556.0 bis zu 4000 Tonnen schwere Güterzüge, in schwierigem Gelände sogar Schnellzüge.

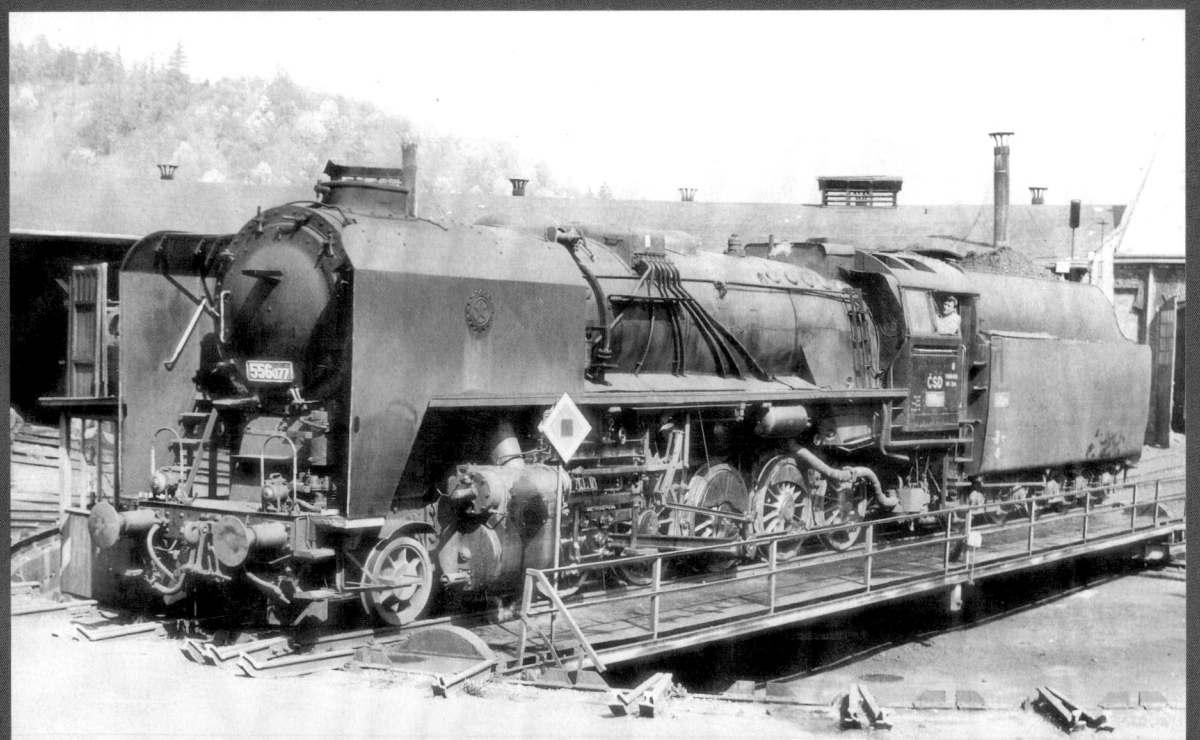

127

498.1 CSD

Die Dreizylinderlokomotiven der tschechoslowakischen Baureihe 498.1 gehören zu den herausragenden Dampflokkonstruktionen der Zeit nach 1945. Die für schwersten Zugdienst bis 120 km/h bestimmten Fahrzeuge wurden für Hochleistungen ausgelegt. Sie wurden mit der modernsten zur Verfügung stehenden Technik ausgestattet, wie z. B. mit Verbrennungskammern, Thermosyphon, Kylchap-Doppelblasrohren oder eine mechanische Rostbeschickung. Die fünfachsigen Tender vermochten, 20 t Kohle zu fassen.

Nordamerika

Die Geschichte der Eisenbahnen auf dem nordamerikanischen Kontinent beginnt 1830 mit der Eröffnung der 13 Meilen langen Strecke der Baltimore & Ohio Railroad und der Entwicklung der ersten amerikanischen Dampflokomotive, genannt „Tom Thumb".

Sein erstes Wettrennen gegen einen Pferdewagen hatte „Tom Thumb" (Däumling) noch verloren. Einer seiner Antriebsriemen war gerissen. Doch diese Niederlage ver-

Zwei Big Boys donnern mit ihrem langen Güterzug vorüber.

mochte den Siegeszug der Dampftraktion in Nordamerika nicht zu bremsen. In der Folge entwickelten mehrere Fabriken Lokomotiven für eine Vielzahl privater Bahngesellschaften, die sich in der zweiten Hälfte des 19. Jahrhunderts daran machten, den Kontinent verkehrstechnisch zu erschließen.

In den vierziger und fünfziger Jahren des 20. Jahrhunderts begannen leistungsstarke Loks mit dieselelektrischem Antrieb selbst die modernsten Dampfloks zu verdrängen. Ihr Erfolg lag in den geringeren Unterhaltskosten und dem billigen texanischen Dieselöl begründet. Aus

Sicherheitsgründen wiesen die Dieselloks mehr oder minder prägnant geformte Stirnseiten auf. Zu den bekanntesten zählen die RF-16 „shark nose" (Haifischnase) und die rundnasigen „baby faces" (Babygesichter) der Reihen PA oder F7. Die Maschinen entstanden in zahlreichen Varianten, maßgeschneidert für die einzelnen Bahngesellschaften. Buchstabenkürzel als Bestandteil der Reihenbezeichnung weisen auf den Verwendungszweck der jeweiligen Lokomotive oder ihre Achsfolge hin. So bedeutet beispielsweise der Buchstabe P („Passenger") Personenzuglok, ein T weist auf die Tunneltauglichkeit hin. GP steht für „General Purpose" (Mehrzweck) und die Achsfolge B'B' und SD für „Special Duty" (besondere Aufgabe) und die Achsfolge C'C'. Maschinen, die ein M in der Baureihenbezeichnung haben, besitzen ein Sicherheitsführerhaus. SW steht für „switcher" und bedeutet Rangierlok.

Die Elektrotraktion konnte sich in Nordamerika nur in den Ballungsräumen etablieren, für Fernstrecken war die Fahrdrahtinstallation und -instandhaltung in dem weiten Land einfach zu teuer. Nach vielen Fusionen sind die US- und kanadischen Bahnen zum Großteil in den Händen einiger weniger großer Gesellschaften, wie Union Pacific (UP), Canadian National (CN) oder Burlington Northern Santa Fe (BNSF). Der Per-

sonenverkehr spielt nur noch eine untergeordnete Rolle.

Die größte jemals gebaute Dampflok entstand ab 1940 für die Union Pacific Eisenbahngesellschaft. Auf den 15-‰-Rampen des Sherman Hill zwischen Cheyenne und Laramie schleppten die Giganten schwere Güterzüge im Alleingang über die Rocky Mountains.

„Big Boys" wurden sie genannt, die „großen Jungs". Ein geradezu niedlicher Name für die fast 40 m langen Kolosse, die in Schenectady (Bundesstaat New York) bei der American Locomotive Company (ALCo) entstanden. Die Konstruktion der gewaltigen, als Reihe 4000 bezeichneten Dampfloktype erfolgte 1940 in der Entwicklungsabteilung der Union Pacific (UP), im „Depart-

ment of Research and Mechanical Standards". Die Ingenieure hatten den Auftrag, eine Dampflokomotive zu entwickeln, die fähig war, einen 3600-t-Zug über die Sherman-Hill-Route zu befördern, sodass keine Schiebelok nötig sein würde. Die Big Boys waren für eine Geschwindigkeit von 128 km/h ausgelegt, auch wenn sie im Betrieb selten so schnell fuhren. So verfügten sie über eine gewisse Leistungsreserve. Anlass für die Neukonstruktion war das zu erwartende steigende Güterverkehrsaufkommen , das sich als Auswirkung des Zweiten Weltkriegs abzeichnete. Die Anschaffung der Giganten zwang die UP allerdings zu etlichen Vorkehrungen, ohne die es gar nicht möglich gewesen wäre, die Big Boys auf der Sherman-Hill-Stre-

Big Boy in voller Aktion

Green River neue Drehscheiben gebaut werden, auf denen die Riesenloks Platz finden konnten. Im November 1944 lieferte ALCo nochmals 35 Big Boys an die UP. Allen, die als Augen- und Ohrenzeugen eine Vorbeifahrt der gigantischen Kraftpakete erleben durften, sind diese außergewöhnlichen Loks unauslöschlich in Erinnerung geblieben. Ab 1961 mussten die Big Boys dennoch den Weg alten Eisens gehen, verdrängt von Diesel-Kolossen und Gasturbinenloks. Acht

cke problemlos einzusetzen. Der seitenverschiebbare Kessel erforderte in den Bögen zusätzlichen Raum, der auch vorhanden sein musste. Daher nahm man seitens der UP auf zahlreichen Streckenabschnitten Profilerweiterungen vor. Außerdem mussten z. B. in Cheyenne, Ogden und

Dampfrösser der 4000er Reihe sind, allerdings nicht betriebsfähig, in verschiedenen Museen erhalten geblieben. Obgleich regungslos und stumm, haben sie nichts von ihrer Faszination verloren.

Zahnraddampflok/
Mount Washington

Die älteste Zahnrad-Bergbahn
der Welt befindet sich am Mount
Washington. Sie wurde 1869 fertig
gestellt. Heute versehen immer noch
Dampfloks den Dienst auf der mit
37 ‰ geneigten Trasse. Die Maschinen der Anfangszeit besaßen alle
einen aufrecht stehenden Kessel,
der später in waagerechte Position
gebracht wurde. Einige dieser alten
Loks versehen noch heute ihren
Dienst, wie die 1874 gebaute Kanca-
magus (früher „Tip-Top" genannt),
die 1878 einen liegenden Kessel
erhielt.

Class 10/C 102 No. 507 (BLW)

Zu den Lokfabriken, die sich schon früh einen Namen als

Dampflokhersteller errungen hatten, gehörten die Baldwin

Locomotive Works mit Sitz in Philadelphia, gegründet 1931 von

dem Juwelier und Silberschmied Matthias W. Baldwin. Dieses

Unternehmen brachte viele Dampfloktypen hervor, darunter auch

eine Vertreterin der Class 10 mit einem Treibraddurchmesser von

1,97 m, die für die Atchison, Topeka & Santa Fe gefertigte No. 507,

die als Personenzuglokomotive eingesetzt wurde.

Challenger Class 800 (ALCo)

Während und nach dem Zweiten Weltkrieg nannte die Union

Pacific die modernsten Dampfloks ihr Eigen. Zu diesen legendären

Güterzugmaschinen gehörten auch die Challengers, die es in zwei

Varianten gab. Die eine diente als Güterzuglok, wie z. B. die

Challenger 3985 (links im Bild auf Seite 324 unten), die andere

(„800-Class"), wurde vor schnellen Personenzügen eingesetzt. Die

1944 gelieferte Challenger 844 fuhr zuletzt auch im Güterverkehr.

Heute bespannt sie Sonderzüge.

Big Boy Class 4000 (ALCo)

Die Big Boys waren die größten, jemals gebauten Dampfloks der

Welt. Sie verfügten über einen siebenachsigen Tender, maßen in

der Länge über 40 m und in der Höhe 4,9 m. Die zweite, ab 1943

gebaute Serie verfügte über einen etwas größeren Wasserbehälter.

Dank Stoker-Automatik gelangten stündlich 10 bis 12 t Kohle auf

den riesigen Rost der Feuerbüchse. Das Stahlross war gefräßig. Es

vermochte aber im Alleingang, bis zu 3600 t schwere Züge über

Bergstrecken zu ziehen.

Daylight (Lima Locomotives)

Insgesamt entstanden 50 Daylight-Dampfloks bei den Lima Locomotives Works für die Southern Pacific Railroad. Weitere 16 Loks kamen während des Zweiten Weltkriegs hinzu, sie verfügten jedoch nicht über die seitlichen Fahrwerksblenden. Die heute betriebsfähige Daylight 4449 der Ursprungsversion wurde Anfang der siebziger Jahre anlässlich der 200-Jahrfeier zur Unabhängigkeit der USA restauriert. Danach erhielt sie ihr Originalfarbkleid in Orange, Rot und Schwarz zurück.